_____ 드림

내 강아지
오래 살게 하는
자연식 밥상

초판 1쇄 인쇄 2015년 11월 12일
초판 1쇄 발행 2015년 11월 19일

지은이 김태희

발행인 장상진
발행처 경향미디어
등록번호 제313-2002-477호
등록일자 2002년 1월 31일

주소 서울시 영등포구 양평동 2가 37-1번지 동아프라임밸리 507-508호
전화 1644-5613 | **팩스** 02) 304-5613

ⓒ 김태희

ISBN 978-89-6518-152-1 14490
　　　 978-89-6518-154-5 (SET)

· 값은 표지에 있습니다.
· 파본은 구입하신 서점에서 바꿔드립니다.

내 강아지 오래 살게 하는 자연식 밥과

팻영양사가 제안하는 초간단 자연식 레시피

김태희 지음

경향미디어

프롤로그

건강하게 오래 살 수 있게 하는
강아지 자연식

현대에는 핵가족화와 1인가족의 확대로 강아지를 자식이나 형제로 여기고 사는 사람들이 많아졌다. 그러다 보니 아기 이유식을 준비하듯 건강에 좋은 먹거리에 신경 쓰는 반려인도 많아졌다. 강아지가 아프면 집에서 멀리 떨어진 병원이라도 기꺼이 시간을 들여 좋은 의료시설에서 치료를 받게 하고 사료도 여러 군데를 검색하여 나름 좋은 것으로 알려진 것을 먹게 한다.

수의학도 점점 발전하고 사료의 등급도 점점 세분화되며 품질이 좋고 기능성이 있는 재료를 사용하여 반려동물의 건강증진에 기여하고 있다. 그런데도 동물병원을 찾는 강아지는 계속 늘고 있으며 사료에 대한 논란은 끊임없이 계속되고 있다.

이러한 분위기에서 최근 들어 자연스럽고 신선한 강아지 자연식 맘마 만들기에 관심을 가지는 반려인이 많아지고 있다. 집에서 만들어 주는 홈메이드 자연식 급여가 유행함에 따라 애견 카페에서는 자연식에 관심을 가지고 시도해 보려는 반려인들이 늘고 있다. 하지만 어떻게 식단을 짜야 좋을지, 어떤 영양을 어떻게 급여해야 할지 몰라 고민하다가 흐지부지 포기해 버리는 반려인도 많다.

도움을 받기 위해 동물병원에 가서 자연식을 하고 싶다는 이야기를 하면 아직까지도 '사료만이 오랜 연구와 실험을 거친 검증된 식사이며, 자연식은 영양 밸런스가 깨져 건강상 큰 문제를 일으키니 사람음식은 절대로 안 된다.'고 딱 잘라 말하는 수의사가 많다.

자연식은 자연에서 나온 재료로 만든 음식을 말하는 것이다. 그러므로 인위적으로 가공한 '사료'는 절대로 자연스럽지 않다. 전 세계적으로도 그렇지만 우리나라의 경우도 사료를 먹이기 시작한 지 얼마 되지 않았다. 그 전까지는 사람이 먹다 남긴 잔반을 먹었기에 그들은 아마도 자연식을 조미가 된 음식으로 오해하는 건 아닌가 싶다.

오랫동안 강아지들을 돌보는 일을 해 오면서 지켜본 결과, 자연식을 먹는 강아지가 사료를 먹는 강아지보다 훨씬 건강하고 수명도 길었다. 아마도 반려인이 자연식을 챙겨 줄 정도로 건강에 신경을 쓰기 때문이기도 하겠지만 인위적인 가공 과정을 거친 음식이 아니라 자연 재료로 만드는 음식이기에 더욱 건강한 것이리라.

찾아보면 자연식에 관한 정보가 많이 있는데도 균형 잡힌 영양식을 만들 자신이 없어서, 여러 가지 식재료를 사용할 경우 비용에 대한 부담이 클 것 같아서, 음식을 만드는 데 시간이 많이 걸릴 것 같아서 등의 이유로 실제로 시작하는 반려인은 많지 않다. 굳이 습관이 된 부분을 바꾸기 위해 고민을 하기보다 여태껏 해 오던 대로 좋은 사료를 선택하는 편이 시간적으로나 경제적으로 효율적이라고 생각하기 때문이다.

그러나 내가 사랑하는 강아지와 더 오래 함께 살고 싶다면 더 늦기 전에 자연식으로 바꿀 것을 권하고 싶다. 실제로 자연식을 먹일 경우 재료값은 하루 1,000원도 들지 않아 사료보다 훨씬 더 저렴하게 강아지를 기를 수 있다. 조리하는 시간도 인터넷에서 좋은 사료를 검색해서 구매하는 것보다 훨씬 적게 걸린다.

따라서 이 책에서도 최대한 반려인이 간단하고 쉽게 만들 수 있는 자연식 레시피로 구성하였다. 가급적 반려인이 먹는 식사 재료를 이용하여 만들 수 있고, 한꺼번에 재료를 미리 준비해 두었다가 필요할 때 짧은 시간에 만들 수 있는 방법을 제안함으로써 자연식을 꾸준히 이어갈 수 있게 하였다. 부디 반려동물을 더 오래 살게 할 수 있는 자연식을 이어나가는 반려인이 많아질 수 있기를 바라는 바이다.

김태희

CONTENTS

프롤로그 • 4

좋은 자연식이란? • 10
강아지 자연식을 시작하기 전에 • 13
강아지 나이에 따른 영양소 구성 • 14
정확한 칼로리를 계산하여 급여하기 • 18
허브로 강아지 자연영양제 만들기 • 20

PART 1
사료로부터 자연식으로의 전환

1주차 익힌 고기를 사료 위에 토핑해 주기 • 24
2주차 익힌 고기와 채소를 사료 위에 토핑해 주기 • 25
3주차 생고기를 사료 위에 토핑해 주기 • 26
4주차 생고기와 채소를 사료 위에 토핑해 주기 • 27

PART 2
홈메이드 처방식 만들기

간에 좋은 영양소가 듬뿍 든 자연식 • 30
비트 달걀찜 • 31
생태 토마토 리소토 • 32
조개 달걀 덮밥 • 33
장에 좋은 영양소가 듬뿍 든 자연식 • 34
렌틸 샐러드 • 35
병아리콩 후무스 • 36
치킨 바나나죽 • 37
신장에 좋은 영양소가 듬뿍 든 자연식 • 38
밥새우 한입 맘마 • 39
두부 맘마 • 40
코코넛 치킨 마카로니 • 41
심장에 좋은 영양소가 듬뿍 든 자연식 • 42
닭고기 두유 스튜 • 43
살몬 토마토 스프 • 44
아스파라거스 치킨 맘마 • 45
위에 좋은 영양소가 듬뿍 든 자연식 • 46
연어 채소 사과 맘마 • 47
채소 치킨 카레 리소토 • 48
코코넛 슈림프 스튜 • 49

PART 3
데일리 케어 자연식 만들기

디톡스에 좋은 영양소가 듬뿍 든 자연식 • 52
고등어 산마밥 • 53
구운 바나나 맘마 • 54
오트밀 치킨밥 • 55
면역력 강화에 좋은 영양소가 듬뿍 든 자연식 • 56
비네거 셀러리죽 • 57
돼지고기 요구르트 맘마 • 58
하와이안 허니 BBQ • 59
스트레스 케어에 좋은 영양소가 듬뿍 든 자연식 • 60
단호박 오리고기 맘마 • 61
아보카도 말고기 생식 • 62
소고기 딸기 맘마 • 63
눈 건강에 좋은 영양소가 듬뿍 든 자연식 • 64
고소한 치킨 맘마 • 65
비프 라타투이 • 66
소고기 고명덮밥 • 67
아토피에 좋은 영양소가 듬뿍 든 자연식 • 68
고등어 퀴노아죽 • 69
양고기 코울슬로 • 70
참치 쌀국수 • 71

PART 4
간단하고 빠르게 자연식 만들기

닭고기로 만드는 자연식 •74
스크램블 스파게티 •75
채소 닭 가슴살 무침 •76
치킨&빈스 •77
소고기로 만드는 자연식 •78
강황 비프 필라프 •79
들깨소스 소고기 스테이크 •80
시금치 비프 뇨키 •81
오리고기로 만드는 자연식 •82
오리 아스파라거스 샐러드 •83
오리 함박 스테이크 •84
고구마 사과 조림 •85
해산물로 만드는 자연식 •86
참치 관자 지리 •87
명태 오차쓰케 •88
오트밀 황태포 덮밥 •89

강아지에게 필요한 5대 영양소 •90

좋은 자연식이란?

반려인들은 말로만 가족이 아닌 진짜 '가족'에게 '자연스러운' 자연식을 만들어 주고 싶어 한다. 그런데 과연 어떠한 자연식을 급여해야 강아지가 오랫동안 건강하게 살아갈 수 있을까?

첫째, 무리하지 않고 즐거운 마음으로 만든다.

무엇보다도 반려인이 무리하지 않아야 한다. 기쁜 마음으로 즐기며 만들 수 없다면 자연식 만들기는 절대로 오래 이어질 수 없다. 매일 해야 하는 식단 챙기기가 즐겁지 않고 부담으로 다가온다면 반려인은 역시 강아지도 불편해진다. 시간이 없어서 매일 다른 음식을 만들어 줄 수 없다고, 시간이 없어 강아지에게 며칠간 같은 음식을 먹게 해야 한다고 자책하지 말자. 사료는 한 봉지를 다 먹을 때까지 늘 똑같은 맛이지 않은가. 며칠에 한 번씩이라도 반려인이 기쁜 마음으로 만들어 주는 식사라면 그 마음이 강아지에게 전해진다.

둘째, 강아지도 가족의 일원인 만큼 가급적 가족의 식사 재료에서 재료를 선택한다.

강아지를 위한 자연식은 가족의 식단을 준비하는 재료 중에서 만들어야 음식도 다양하고 비용도 저렴하게 먹일 수 있다. 강아지 자연식만을 위한 재료들을 준비한다면 아무리 소량을 구입한다 하더라도 재료는 남을 것이고 냉장고에 오랫동안 보관하다 보면 신선함과 영양가를 잃게 된다. 그러므로 가족 식단과 연계된 재료를 준비하면 가족과 함께 소비하며 빠른 시일 내에 소비할 수 있다. 남는 재료는 한꺼번에 손질하여 냉동실에 얼려서 보관하면 신선함과 영양소의 파괴를 최소화하고 조리 시간도 줄일 수 있다.

셋째, 영양 밸런스는 장기적으로 생각하여 맞춘다.

가장 중요한 건 역시 영양이다. 단백질을 매일 얼마만큼 주어야 하는지, 칼슘, 칼륨 등 미네랄은 얼마만큼 주어야 하는지, 섬유질을 어떻게 채워야 하는지 등 고민스럽다. 매일같이 모든 영양을 골고루 채워 주기란 어려운 일이다. 간혹 자신이 영양적으로 맞지 않는 식단을 준비하는 것 같다는 이야기를 하는 반려인에게 나는 질문을 한다.
"반려인은 오늘 아침과 점심을 완벽한 영양 밸런스를 맞추어 드셨나요?"
자연식을 오래도록 꾸준히 하려면 영양에 대한 스트레스를 줄여야 한다. 오늘 하루의 영양 밸런스를 생각하기보다는 주 단위나 한 달 단위의 영양 밸런스를 생각하여 식단을 구성한다. 그래야만 스트레스를 받지 않고 즐거운 마음으로 자연식을 이어 나갈 수 있다.

넷째, 사람에겐 좋은 재료라 해도 동물에겐 좋지 않을 수 있다.

마지막으로 중요한 것은 사람에게 좋은 것은 무조건 동물에게도 좋다는 인식은 잘못된 것이다. 물론 사람에게 좋은 음식이 동물에게도 좋은 음식이 될 수 있다. 대부분이 그렇긴 하지만 양파와 파, 초콜릿처럼 강아지의 건강에 치명적인 것들도 있기에 충분히 주의를 기울여야 할 필요성이 있다. 기본적으로 레시피를 구성할 때 어떤 것이 좋은지보다 어떤 것이 독이 되는 재료인지를 먼저 숙지하도록 한다. 어떤 것이 강아지의 몸에 좋지 않은지는 영양 밸런스를 맞추는 것 그 이상으로 중요한 일이다.

강아지 자연식을 시작하기 전에

동물에게 필요한 영양소는 단백질, 탄수화물, 지방, 비타민, 미네랄 5가지로 나뉘어진다. 그 중에서 단백질, 탄수화물, 지방 3가지는 섭취량이 많아야 해서 3대 영양소로 불린다.

그리고 영양소에는 들어가지 않지만 가장 중요한 것이 물이다. 수분은 체내의 60~70%를 구성하고 있다. 사료 급여 시 가장 문제가 되는 것은 수분이 충분이 공급되는가 하는 점이다. 자연식을 하면 수분 섭취량이 저절로 많아진다는 것은 자연식의 가장 큰 장점 중 하나이다.

단백질과 탄수화물, 지방은 중요한 에너지원이며 물과 단백질, 미네랄은 신체를 구성하는 성분이 된다. 또한 미네랄과 비타민은 신체의 각 기능을 조절하는 중요한 역할을 한다.

이 책에서는 육류:곡류:채소류를 6:2:2로 맞추었다. 하지만 강아지 자연식을 즐겁게 만들기 위해서는 매일 매일의 식단을 6:2:2로 맞추는 것보다 주나 월 단위로 나누어 식단을 구성하는 편이 지속적으로 자연식을 하기에 부담을 주지 않는다.

강아지 나이에 따른 영양소 구성

나이에 따라 필요한 영양소는 다를 수밖에 없다. 자견과 성견 그리고 노령견에 이르기까지 어떠한 영양소를 중심으로 레시피를 구성해야 할지 알아보도록 하자.

자견(생후~1살)
건강한 신체를 위해서 단백질과 칼슘뿐만 아니라 모든 영양소를 골고루 섭취하도록 레시피를 구성하는 것이 좋다. 또한 이것저것 가리지 않고 잘 먹는 시기인 만큼 특정 식재료에 치우치지 말고 골고루 급여하는 것이 좋다. 다만 소화기관이 성견에 비하여 약하므로 소화가 잘되는 식재료로 구성하여야 한다.

단백질
근육이나 장기, 혈액을 구성하는 영양소로 가장 중요하다.
닭고기, 소고기, 오리고기, 돼지고기, 말고기, 양고기, 연어, 고등어, 달걀, 생태 등

칼슘
뼈와 이를 건강하게 한다.
멸치, 우유, 요구르트, 산양유, 해조류 등

비타민E
감염증에 대한 저항력을 길러 준다.
식물성 오일, 대두, 호두, 아몬드 등의 견과류

비타민D
칼슘과 인의 흡수를 도우며 건강한 뼈 만들기에 도움을 준다.
말린 표고버섯, 고등어, 닭 간, 달걀노른자 등

비타민C
감염증에 대한 면역력을 높여 준다.
토마토, 브로콜리, 콜리플라워, 호박, 파프리카 등

성견(1~7살)

이 시기는 잘 먹거나 잘 먹지 않는 식으로 기호성이 정해진 편이지만 잘 먹지 않는 음식이라도 포기하지 말고 여러 식재료를 사용하여 레시피를 구성하는 것이 좋다. 성견일 때에는 건강을 유지시키는 것이 가장 중요하다. 먹지 않는 특정 음식을 계속 레시피에서 제외시킨다면 건강 유지에 실패할 수도 있으므로 조리법을 바꾸어 레시피를 구성하는 것을 추천한다.

단백질
체력 유지에 필요하다.
닭고기, 소고기, 오리고기, 돼지고기, 말고기, 양고기, 연어, 고등어, 달걀, 생태 등

당질
에너지를 만들어 낸다.
백미, 현미, 잡곡밥, 오트밀, 퀴노아, 감자, 고구마 등

지방
에너지를 만들어 낸다.

올리브오일, 참기름 등 식물성 오일

미네랄
몸의 효소 반응이나 면역력을 높인다.

대두, 두부, 현미, 해초, 밥새우 등

비타민C
몸의 효소 반응이나 면역력을 높인다.

토마토, 브로콜리, 콜리플라워, 호박, 파프리카 등

노령견(7살 이상)
소화력이 떨어지고 이는 약해져 잘 씹지 못하므로 소화가 잘되는 부드러운 식재료와 조리법을 사용하고, 면역력을 높이고 식욕을 자극할 수 있는 식재료를 사용한다.
기초대사량이 떨어지고 활동량이 줄어드는 만큼 양질의 단백질로 구성한 저칼로리 식단을 준비한다.

베타글루칸
면역력을 강화시킨다.

팽이버섯, 표고버섯, 목이버섯 등의 버섯류

비타민C
노화에 따른 백내장을 예방한다.

토마토, 브로콜리, 콜리플라워, 호박, 파프리카 등

단백질

근육 손실을 예방한다.

닭고기, 오리고기, 소고기, 돼지고기, 말고기, 양고기, 연어, 고등어, 달걀, 생태 등

비타민E

면역력을 강화시킨다.

식물성 오일, 대두, 호두, 아몬드 등의 견과류

EPA, DHA, 오메가3지방산

콜레스테롤 저하, 뇌 기능 촉진 등 각종 질병 예방에 효과가 있다.

연어, 고등어, 꽁치, 멸치, 깨, 들깨, 아마씨오일, 햄프씨오일 등

정확한 칼로리를 계산하여 급여하기

좋은 것을 급여하는 것 이상으로 적당량을 급여하는 것이 중요하다. 최근 동물병원에서 진료를 받는 개나 고양이의 25%는 비만이라고 한다. 강아지도 사람과 마찬가지로 비만 자체가 병은 아니다. 하지만 비만은 심장질환·혈관질환·당뇨병·관절염 등의 원인이 될 수 있고, 이러한 질환들로 인하여 강아지의 수명이 짧아질 수 있다. 그러므로 체중 조절은 건강하게 키우기 위한 중요한 사항이다.

하루에 필요한 칼로리 계산하기

기초대사량(RER : resting energy requirement)=70×체중(kg)×0.75

하루 필요한 에너지의 양(DER : daily energy requirement)=RER×활동지수(1.0~1.8)

개의 RER는 생활환경이나 라이프스타일, 중성화 유무, 운동량, 견종, 성별에 따라 다르게 계산해야 한다. 소형견과 중형견은 약 1년에서 1년 반 정도의 기간 동안 성장을 하며 7살부터 천천히 노화가 시작되지만 대형견의 경우는 약 2년 동안 성장을 하며 생후 5~6년부터 노화가 시작된다.
따라서 중성화되지 않았거나 자견인 경우는 1.8로 계산하고, 비만인 경우와 노령견으로 움직임이 거의 없는 경우엔 1.0로 계산한다. 특히 체중과 나이를 고려하여 필요 에너지 양을 결정해야 한다. 예를 들어, 같은 1살이라도 소형견인 말티즈의 경우엔 성장이 끝났으므로 ×1.2로 계산하고, 대형견인 그레이트 데인 같은 경우에는 한창 성장 중이므로 ×1.8로 계산한다.

성장 중인 자견 RER×1.8

중성화되지 않은 성견 RER×1.6

중성화된 성견 RER×1.2

체중 조절이 필요한 성견 RER×1.0

예) 9개월 된 2kg 소형견의 경우

　　105(RER)=70×2×0.75

　　189(DER)=105×1.8

　　하루 필요한 에너지의 양은 189kcal

*이 책에서 제시한 각 레시피는 몸무게 5kg 전후 강아지의 하루 칼로리(315kcal)를 표준으로 만들었습니다.

허브로 강아지 자연영양제 만들기

*다음 재료들을 같은 비율로 섞어 냉동실에 보관하며 하루 1/2ts씩 급여한다.

스피룰리나 : 비타민B의 복합체이다. 베타카로틴과 단백질, 철분, 마그네슘 등 다양한 미네랄이 소화 흡수 되기 쉬운 형태로 함유되어 있다.

아마씨 : 영양 보급, 소화기관의 진정 · 완화 작용, 풍부한 오메가3지방산 등 자견에서부터 노령견에까지 없어서는 안 되는 영양소를 함유하고 있다.

네틀 : 이뇨 작용, 간장 강화, 영양 보급, 항염증 작용과 함께 풍부한 영양소가 골고루 분포되어 있다.

알팔파 : 영양 보급, 항염증 작용, 항산화 작용, 이뇨 작용, 반려동물의 관절염 영양제로 이용되는 허브이다.

단데리온 : 영양 보급과 알레르기 억제 작용을 하며 혈액을 정화시키고 관절염의 통증 완화에도 효과가 있다. 비뇨기 질환과 체내 독소를 배출하지 못하는 동물들에게 특히 도움이 된다.

밀싹 : 반려동물의 생명 활동에 필요한 대부분의 비타민과 미네랄을 함유한 완전식품으로 독성이나 부작용이 없다.

캐롭 : 우유의 3배 이상 되는 칼슘을 함유하며, 옥살산이 없어 칼슘의 흡수율이 높다. 장에 있는 독소를 흡착시킨다. 칼륨, 비타민A, 비타민B, 비타민D 등 영양소도 풍부하다.

강황 : 커큐민 성분이 간을 보호하여 간 건강과 소화력을 높이며, 항암 효과와 뇌세포의 활동을 활발하게 해 준다.

PART 1

사료로부터
자연식으로의 전환

익힌 고기를 사료 위에 토핑해 주기

1주차

익힌 고기를 사료 위에 토핑해 준다. 익힌 고기는 생고기보다 냄새가 진하고 음식의 온도를 따뜻하게 할 수 있어 강아지들이 좋아한다.
재료들을 한꺼번에 삶은 다음 조금씩 나누어 냉동실에 보관해 두면 조리 시간을 절약할 수 있으며 여러 가지 육류를 끼니마다 다르게 급여하기 좋다.

자연식의 기본이 되는 스프 만들기

사료와 자연식의 가장 큰 차이점이라면 수분 함량이라 할 수 있다. 무언가를 토핑해 주기 전에 육수를 준비해 두었다가 사료와 함께 급여하면 보다 쉽게 자연식에 적응시킬 수 있다.
염분을 없앤 멸치나 표고버섯으로 다시 물을 만들어 얼음틀에 얼려 두면 하나씩 꺼내어 사용하기 편하다.

익힌 고기와 채소를 사료 위에 토핑해 주기

2주차

향이 강한 채소는 기호성을 떨어트릴 수 있다. 향이 강한 잎채소보다 단호박, 당근, 양상추 등의 채소가 좋다. 동그란 미트볼의 형태로 얼려 두거나 지퍼백에 넣어 나누어 두면 쉽게 사용할 수 있다.

자주 사용하는 채소의 보관법

브로콜리나 콜리플라워, 당근, 셀러리, 아스파라거스 등 자주 사용하는 채소들은 구입 후 신선하게 사용할 수 있는 양만큼을 채소칸에 보관하고 나머지 채소들은 삶아서 얼음틀에 한 번 사용할 만큼씩 얼려 보관한다.

생고기를 사료 위에 토핑해 주기

3주차

1주차에 사용했던 육류를 중심으로 익히지 않고 사료 위에 토핑해 준다. 익히는 정도를 조금씩 조절하여 점차 생고기에 적응할 수 있도록 한다.

식욕을 북돋워 주는 간단 토핑 만들기

재료

닭 간 200g, 닭 심장 50g, 건조 파슬리 1/2ts, 물 10ml

만드는 법

닭 간과 닭 심장을 여분의 물에 삶아 10ml 정도만 남기고 믹서기에 곱게 갈아 파슬리를 섞는다. 냉장고에 보관해 두었다가 최대한 빠르게 급여하도록 한다.

생고기와 채소를 사료 위에 토핑해 주기

 4주차

생고기와 채소를 사료 위에 토핑해 준다. 채소 종류의 수를 조금씩 늘리며 적응시키도록 한다.

PART 2

홈메이드
처방식 만들기

간에 좋은 영양소가 듬뿍 든 자연식

식사량을 적게 하고 간을 재생시키는 양질의 단백질을 급여한다. 주1~2회 금식으로 간을 쉬게 하는 것도 추천할 만하다.

비타민 B_1

당질의 대사를 촉진시키는 데 좋다.

돼지고기, 깨, 현미, 시금치, 닭 간, 대구, 오트밀

비타민 B_2

세포의 재생을 돕는다.

닭고기, 돼지고기, 말린 표고버섯, 고등어, 달걀, 톳, 청국장콩(낫토)

비타민 B_{12}

엽산 대사에 필요하며 단백질 합성을 돕는다.

조개, 꽁치, 고등어, 닭 간, 강황

비타민 C

면역력을 강화시킨다.

브로콜리, 콜리플라워, 단호박, 고구마, 파슬리, 토마토, 파프리카, 당근, 연근 등

비타민 E

감염증에 대한 저항력을 향상시킨다.

식물성 오일, 호두, 가쓰오부시, 대두, 아보카도, 아몬드 등

재료

비트 10g
브로콜리 20g
콜리플라워 20g
달걀 3개
현미밥 50g
다시마 우린 물 10ml

비트 달걀찜

1. 브로콜리와 콜리플라워는 가로세로 각 1cm로 자른다.
2. 자른 브로콜리, 콜리플라워, 현미밥, 다시마 우린 물, 달걀을 볼에 넣어 달걀과 재료들이 잘 섞이도록 젓는다.
3. 잘 섞인 재료들을 담은 다음 전자레인지에서 5분간 가열한다.
4. 달걀이 익은 듯하면 갈아 둔 비트를 토핑한다.

○ 비트는 간암을 예방하며 간세포를 독소로부터 보호하는 효능이 있다 또한 콜레스테롤의 합성을 완화해 주고 지방간을 없애 주는 등 간 건강에 좋다. 맛은 강아지마다 기호성이 차이가 있지만 그리 싫어하는 맛과 향은 아니다. 간이 좋지 않은 강아지 식단에 조금씩 첨가하여 급여하는 것을 적극 추천한다.

재료

생태 150g
토마토 30g
셀러리 잎 10g
파프리카 20g
두유 100g
잡곡밥 20g

생태 토마토 리소토

1. 토마토, 셀러리 잎, 파프리카는 각각 잘게 다진다.
2. 생태는 가시를 없앤 뒤 손질한다.
3. 셀러리를 제외한 1, 2의 재료와 두유를 냄비에 넣고 5분간 끓인다.
4. 재료가 익으면 그릇에 잡곡밥과 함께 담고 셀러리 잎을 얹는다.

○ 토마토는 10대 건강 음식으로 선정되었을 만큼 영양적으로 가치가 높다. 특히 비타민이 다량 포함되어 있어 파괴된 간세포를 재생하는 데 매우 중요한 역할을 한다. 토마토에 함유된 루틴이란 성분이 혈관을 튼튼하게 하여 간 재생과 균형 있는 대사 활동에 도움을 준다.

재료

바지락 10개
당근 20g
닭 가슴살 150g
팽이버섯 20g
달걀 1개
물 200ml

조개 달걀 덮밥

1. 냄비에 물 200ml를 넣고 바지락을 삶고 껍데기를 분리한다.
2. 당근은 잘게 썰고 팽이버섯과 닭 가슴살은 각 2cm로 자른다.
3. 바지락을 삶은 물에 발라 낸 바지락살과 달걀, 2의 재료를 넣고 닭 가슴살이 익을 때까지 끓인다.

○ 조개류에는 간장의 기능을 강화시켜 해독 작용을 높이는 성분이 풍부하다. 특히 타우린은 간장의 해독 기능을 강화시키며 혈액 중의 콜레스테롤을 감소시켜 심장병 예방에 효과가 클 뿐만 아니라 시력 회복과 근육의 피로 해소에 효력이 있다. 평소에 강아지의 간이 약하거나 해독이 필요할 경우 조개 삶은 물을 물 대신 사용하여 자연식을 조리하면 자연스럽게 급여할 수 있다.

장에 좋은 영양소가 듬뿍 든 자연식

배설을 잘하지 못할 때는 영양소뿐만 아니라 수분 공급에도 신경 써서 힘들이지 않고 노폐물을 배출시킬 수 있도록 돌보아 주어야 한다.

사포닌
배출을 촉진한다.

우엉, 청국장콩(낫토)

타우린
간 기능을 강화시켜 배출에 도움을 준다.

조개, 참치, 고등어, 전갱이

안토시아닌
활성산소의 생성을 억제한다.

가지, 검은콩, 적양배추, 블루베리

비타민C
면역력을 강화시킨다.

배추, 브로콜리, 콜리플라워, 단호박, 고구마, 파슬리, 토마토, 파프리카, 당근, 연근 등

비타민E
감염증에 대한 저항력을 향상시킨다

식물성 오일, 호두, 가쓰오부시, 대두, 아보카도, 무청, 아몬드 등

재료

렌틸콩 60g
양상치 20g
두부 100g
말린 표고버섯 10g
목이버섯 20g

렌틸 샐러드

1. 렌틸콩은 6시간 이상 물에 불린 다음 삶고 두부는 잘 으깬다.
   양상치는 잘 씻어서 손으로 찢는다.
2. 목이버섯과 말린 표고버섯은 물에 불린다.
3. 모든 재료를 그릇에 넣고 잘 섞는다.

○ 버섯류는 칼로리가 낮고 풍부한 섬유질로 배변 활동을 원활하게 한다. 그 밖에 비만 해소와 뼈와 치아의 강화, 신경 안정, 면역력 강화에도 좋다. 강아지의 경우 독버섯을 제외하고는 특별히 가려야 하는 버섯류는 없으니 골고루 사용하면 좋다.

재료

병아리콩 200g
올리브유 1ts
참깨 1/2ts
아스파라거스 10g
파프리카 10g
브로콜리 10g

병아리콩 후무스

1. 병아리콩을 2시간 이상 물에 담가 충분히 불린다.
2. 불린 콩을 올리브유, 참깨와 같이 믹서기에 간다.
3. 아스파라거스, 파프리카, 브로콜리는 데쳐서 준비한다.
4. 간 병아리콩을 그릇에 담고 3의 재료를 올린다.

○ 병아리콩은 단백질과 비타민B1, 비타민C의 함량이 높아 면역력을 길러 준다. 칼슘과 철분이 풍부하다. 또한 식이섬유가 풍부하여 장 건강에 좋다. 비타민B2가 많이 들어 있어 꾸준히 급여할 경우 대장암 및 각종 암을 예방할 수 있다.

재료

바나나 50g
닭 가슴살 200g
시금치 20g
마 30g
물 100ml

치킨 바나나죽

1. 닭 가슴살을 삶는다.
2. 시금치, 마, 바나나를 짤게 썬다.
3. 물과 2의 재료를 냄비에 넣고 끓인다.
4. 닭 가슴살을 잘게 찢어서 완성된 재료와 같이 그릇에 담는다.

○ 바나나는 기호성이 높고 비타민C와 비타민E, 베타카로틴이 풍부하며 식이섬유를 함유하고 있어 변비에 효과적이다. 대변을 보기 힘들어할 때 간식으로 급여하거나 주식 레시피에 넣어 급여하면 좋다.

신장에
좋은
영양소가
듬뿍 든
자연식

단백질은 필수 영양소이지만 고단백 식단을 섭취하게 되면 신장이 대사 과정에서 생기는 독성 부산물을 제거하기 위해 무리를 하게 된다. 그 때문에 신장병에는 단백질 섭취를 제한하게 되므로 양질의 단백질을 급여하는 것이 좋다.

EPA/DHA

염증을 억제시키며 면역력을 키운다.

참치, 고등어, 멸치, 연어, 전갱이, 방어, 꽁치

비타민A(베타카로틴)

치주병을 예방하고 점막을 강화한다.

달걀노른자, 간, 당근, 단호박

아스타잔틴

활성산소를 억제시킨다.

연어, 대구, 넙치, 보리새우

비타민C

면역력을 향상시킨다.

무, 무청, 브로콜리, 콜리플라워, 단호박, 고구마, 피망, 파슬리, 당근, 파프리카, 셀러리, 토마토

식물성 단백질

동물성 단백질 대체

대두, 청국장콩(낫토), 두부, 두유, 콩비지

재료

밥새우 50g
우엉 20g
톳 20g
올리브유 1ts
백미밥 100g

밥새우 한입 맘마

1. 우엉, 톳은 0.5cm로 자른다.
2. 프라이팬에 올리브유와 함께 우엉, 톳을 볶는다.
3. 밥새우는 염분을 없애기 위해 1시간 정도 물에 담가 둔다.
4. 볶은 재료와 염분을 없앤 밥새우와 밥을 주먹밥으로 만든다.
5. 완성된 요리를 그릇에 담는다.

○ 밥새우는 체내에 노폐물이 쌓여 발생하는 활성산소를 억제해 주는 아스타크산틴이 풍부해서 신장에 부담을 덜 준다. 껍질째 모두 급여할 수 있어 편리하지만 염분이 많은 게 단점이므로 물에 담갔다가 사용하도록 한다.

재료

두부 300g
우엉 10g
배 10g
오이 10g
밥새우 3g
백미밥 30g
물 150ml

두부 맘마

1. 밥새우는 염분을 없애기 위해 차가운 물에 1시간 정도 담가 둔다.
2. 오이와 배는 길게 썰고 우엉은 껍질을 깨끗이 벗겨서 얇게 자른다. 두부는 각 1.5cm로 자른다.
3. 냄비에 물을 넣고 염분을 없앤 밥새우와 백미밥, 두부, 우엉을 넣고 끓인다.
4. 그릇에 완성된 재료를 담고 오이와 배를 올린다.

○ 동물성 단백질은 신장의 여과 기능을 감소시키므로 신장병이 있는 경우라면 동물성 단백질 섭취에 제한을 둔다. 하지만 단백질 섭취를 줄이면 단백질 결핍으로 인한 문제가 생길 수 있다. 이 때 두부나 콩, 청국장 같은 식물성 단백질을 급여하면 신장 여과에 관여하는 신사구체에 부담을 덜 줄 뿐만 아니라 단백질 섭취에도 문제가 없다.

재료

마카로니 50g
닭 가슴살 150g
셀러리 20g
파프리카 20g
코코넛 밀크 50g

코코넛 치킨 마카로니

1. 마카로니는 삶아서 준비한다.
2. 셀러리, 파프리카, 닭 가슴살은 각 1cm로 썬다.
3. 팬에 코코넛 밀크와 닭 가슴살을 넣고 볶는다.
4. 그릇에 삶은 마카로니와 닭 가슴살을 담고 셀러리와 파프리카를 토핑한다.

○ 코코넛오일의 포화지방은 중사슬지방산으로 다른 지방들과 달리 섭취 후 바로 간으로 보내져 에너지로 사용된다. 올리브오일보다 더 몸에 필요한 지방산으로 구성되어 있다. 코코넛의 포화지방은 신장 자체의 에너지 이용과 쿠션과 같은 완충 역할을 위해 꼭 필요하다. 민간요법으로 결석 치료에 이용되기도 한다.
코코넛 오일뿐만 아니라 코코넛밀크도 같은 효능을 지닌다.

심장에 좋은 영양소가 듬뿍 든 자연식

심장이 좋지 않을 경우 혈행을 개선하여 심장의 부담을 최소화시켜야 한다. 혈액의 지질농도를 저하시키는 수용성 식이섬유와 혈류에 도움을 주는 EPA와 DHA가 함유된 재료를 사용하는 것이 좋다.

EPA/DHA

혈류와 혈행을 촉진시키고, 혈관을 건강하게 하고, 혈압을 낮춘다.

참치, 고등어, 멸치, 연어

식이섬유

혈액 중에 필요 없는 지방을 배출시키는 데 도움을 준다.

우엉, 양배추, 톳, 양상추, 브로콜리, 오트밀, 셀러리

비타민E

동맥 경화를 예방한다.

식물성 오일, 호두, 아몬드, 대두, 가쓰오부시

비타민Q

치주병을 예방하고 심장의 역할을 강화시킨다.

브로콜리, 콜리플라워, 돼지 간, 시금치, 달걀, 현미

비타민C

혈관벽을 튼튼하게 하며, 면역력을 강화시킨다.

무, 무청, 브로콜리, 콜리플라워, 단호박, 고구마, 피망, 파슬리, 당근, 파프리카, 셀러리, 토마토

재료

닭고기 200g
두유 50g
양배추 30g
아스파라거스 20g
톳 10g
물 120ml

닭고기 두유 스튜

1. 닭고기, 양배추, 아스파라거스, 톳은 약 1~1.5cm로 자른다.
2. 물과 1의 재료를 냄비에 넣고 끓인다.
3. 두유와 전분을 잘 섞어서 끓인다.
4. 완성된 재료에 끓인 두유를 붓는다.

○ 콩에 들어 있는 이소플라본은 섬유질 덩어리로 콜레스테롤과 중성지방을 낮춰 동맥 경화를 예방하는 데 효과가 있어 심장 질환과 각종 질병 발생률을 감소시켜 준다.
　두유를 고를 때에는 설탕이나 소금이 들어 있지 않은 것으로 고른다. 두유 대신 콩물을 사용하면 더욱 좋다.

재료

렌틸콩 40g
배추 10g
셀러리 잎 10g
토마토 20g
연어 100g
물 100ml

살몬 토마토 스프

1. 렌틸콩은 6시간 이상 물에 불렸다가 삶는다.
2. 토마토는 으깨고, 배추와 셀러리는 잎 부분을, 연어는 가시가 없는 것으로 준비한다.
3. 냄비에 물을 넣고 끓이다가 연어와 토마토를 넣고 5분 정도 끓인다.
4. 삶은 렌틸콩과 나머지 재료를 넣고 다시 끓인다.

○ 연어는 골다공증과 당뇨 합병증을 예방하고, 눈을 건강하게 하며, 뇌 기능을 향상시킨다. 불포화 지방산인 오메가3의 함량이 풍부하여 중성지방이 몸에 쌓이는 것을 막고 혈액순환을 원활하게 하여 고혈압이나 동맥 경화 등의 심혈관계 질환에도 도움을 준다. 기호성이 높은 편이고 피모 건강에도 도움을 주므로 매일 식재료로서 손색이 없다.

재료

닭 심장 50g
닭 가슴살 100g
잡곡밥 20g
아스파라거스 10g
당근 20g
감자 20g
멸치 다시 물 200ml

아스파라거스 치킨 맘마

1. 당근과 감자는 0.5cm로 자르고 닭 가슴살과 닭 심장, 아스파라거스는 각 1cm로 자른다.
2. 프라이팬에 당근과 감자를 먼저 살짝 익힌 다음 나머지 재료를 넣어 같이 익힌다.
3. 2의 재료를 적당히 익힌 다음 멸치 다시 물과 잡곡밥을 넣고 같이 익힌다.

○ 멸치는 대표적인 영양소로 알려진 칼슘 외에도 DHA와 EPA가 풍부하여 혈류와 혈행을 촉진시키고 혈관을 건강하게 하며 혈압을 낮추어 주기도 한다. 국물을 내어 사용하거나 가볍게 물과 함께 갈아 조리하면 기호성을 높일 뿐만 아니라 영양까지 챙길 수 있어 좋다. 각얼음으로 얼려 두었다가 사용하면 편리하다.

위에 좋은 영양소가 듬뿍 든 자연식

당장에 위의 통증을 가시게 한다는 생각보다 자연스럽게 위를 강화시켜 앞으로 아프지 않게 돌본다는 생각으로 급여하는 것이 좋다. 식사시간이 규칙적이지 않거나 배고파 하는 것 같다고 무심결에 간식을 주는 것은 강아지의 위 건강에 좋지 않다. 되도록이면 식사시간을 철저히 지키고 간식도 칼로리를 계산하여 적량만을 급여해야 한다.

비타민A(베타카로틴)

위장 점막을 강화시킨다.

달걀노른자, 간, 당근, 단호박, 시금치

비타민U

상처 난 위장 점막을 보호한다.

양배추, 양상추, 아스파라거스, 셀러리, 파래

식이섬유

장내 환경을 좋게 하여 설사를 멈추게 한다.

우엉, 양배추, 해조류, 브로콜리, 단호박

비타민 B_{12}

빈혈을 예방한다.

조개, 꽁치, 돼지고기, 달걀, 연어, 고등어, 김, 파래

아연

세포분열과 증식에 도움을 준다.

돼지고기, 소고기, 달걀, 간, 대두, 깨, 김, 파래

재료

연어 100g
현미밥 70g
양배추 30g
브로콜리 20g
사과 50g
물 150ml

연어 채소 사과 맘마

1. 양배추, 브로콜리, 사과는 각 1cm로 자른다.
2. 냄비에 물을 넣고 양배추와 브로콜리를 먼저 끓인 다음 연어와 현미밥을 넣고 다시 5분간 끓인다.
3. 완성된 재료를 그릇에 담고 그 위에 사과를 올린다.

○ 양배추에 다량 함유된 비타민U는 위장 점막을 강화시키는 역할을 한다. 위염이나 위가 약한 강아지의 식단에 꾸준하게 급여하면 좋다. 또한 섬유질이 풍부해서 변비 해소나 뼈 건강에도 도움이 된다.

재료

닭 가슴살 200g
강황가루 5g
단호박 20g
마 10g
코코넛 밀크 10g
배추 20g

채소 치킨 카레 리소토

1. 닭 가슴살, 단호박, 마를 각 2cm로 자른다.
2. 배추는 잘게 썬다.
3. 달궈진 팬에 코코넛 밀크와 1의 재료를 넣고 볶는다.
4. 재료들이 어느 정도 익으면 강황가루와 배추를 넣고 배추 숨이 죽을 때까지 잘 섞으며 익힌다.

○ 음식물을 섭취하면 위에서 이를 분해하기 위해 위산이 분비되는데, 분비된 위산이 주변의 위벽에 손상을 주는 것을 막기 위해 위 점액도 같이 분비된다. 위산이 과다분비될 경우 균형이 깨어져 위궤양이나 위암으로 발전될 수 있으나 강황 성분이 위산 분비를 조절하는 히스타민2수용체를 적절히 억제함으로써 위산 분비를 정상적으로 조절한다.

재료

칵테일 새우 200g
쥬키니호박 30g
아스파라거스 20g
현미밥 70g
코코넛 밀크 10g

코코넛 슈림프 스튜

1. 쥬키니호박과 아스파라거스는 각 1cm로 자른다.
2. 팬에 칵테일 새우, 쥬키니 호박, 아스파라거스를 넣고 코코넛 밀크가 재료에 잘 섞이도록 센불로 볶는다.
3. 현미밥과 완성된 재료를 그릇에 담는다.

○ 아스파라거스도 양배추와 마찬가지로 비타민U가 풍부하여 위장 점막을 보호하는 역할을 한다. 위염은 만성이 되기 쉬우니 게을리하지 말고 꾸준하게 돌보아 주는 것이 중요하다. 쥬키니호박도 위장 점막 강화에 도움을 주는 식재료이다.

PART 3

데일리 케어
자연식 만들기

디톡스에 좋은 영양소가 듬뿍 든 자연식

강아지들은 어딘가가 아프다고 말을 하지 못하므로 아예 아프지 않도록 돌보아 주는 것이 중요하다. 열흘에 한 끼 정도는 디톡스 메뉴로 준비한다.

식이섬유

장 내의 유해물질을 배출시킨다.

오트밀, 우엉, 브로콜리, 고구마, 현미, 아몬드, 톳

칼륨

체내의 유해물질을 배출시킨다.

바나나, 토마토, 감자, 산마, 사과, 톳, 미역, 다시마

타우린

노폐물 배출을 촉진시키며, 간 기능을 강화한다.

고등어, 참치, 조개, 닭 심장

안토시아닌

활성산소를 없앤다.

블루베리, 가지, 검은깨, 적양배추, 적고구마

유황

유해 미네랄을 배출시킨다.

달걀, 참치, 우유, 생선류

재료

고등어 150g
아스파라거스 20g
톳 3g
산마 20g
당근 10g
검은깨 1/4ts
물 150ml

고등어 산마밥

1. 당근은 잘게 자르고 고등어는 중간 크기로 4등분한다. 톳은 잘게 썰고 아스파라거스는 길게 썰거나 어슷하게 썬다.
2. 산마는 껍질을 벗기고 강판에 간다.
3. 당근, 고등어, 톳, 아스파라거스에 물을 붓고 삶는다.
4. 고등어가 익으면 그릇에 담고 간 산마와 검은깨를 토핑한다.

○ 톳은 칼슘, 칼륨, 철, 아연, 인, 요소 등 미네랄과 식이섬유를 풍부하게 함유하는 해조류이다. 헤모글로빈과 유사한 성분이 들어 있어 혈액 정화와 동맥 경화 예방, 빈혈에 도움을 준다. 또한 체내의 지방은 물론 독소 배출을 도우며 장운동을 원활하게 해 주어 장 내에 쌓인 노폐물과 숙변을 제거하는 효과까지 있다.

재료

멸치 20g
바나나 1/2개
돼지고기 (안심) 150g
배추 20g
물 200ml

구운 바나나 맘마

1. 멸치는 차가운 물에 반나절 동안 담가 염분을 없애고 믹서기로 간다.
2. 프라이팬에 바나나를 익힌다.
3. 돼지고기 안심, 배추를 각 2cm로 자른다.
4. 바나나를 제외한 재료를 모두 냄비에 넣고 약 5분간 익힌다.
5. 완성된 재료를 접시에 담고 그 위에 익힌 바나나를 올린다.

○ 바나나는 비타민B_6, 칼륨, 세라토닌 등 영양가가 높다. 초록색을 띤 바나나일수록 심이섬유와 비슷한 작용을 하는 난소화성 전분이 함유되어 정장 효과가 있다. 기호성도 높은 편이라 식단에 적극 활용하는 것을 추천한다. 다만 몸을 차갑게 만들 수 있으므로 날 것보다는 조리를 하여 급여하는 것이 좋다.

재료

닭 가슴살 150g
닭 모래주머니 30g
청경채 20g
우엉 10g
오트밀 50g
물 200ml

오트밀 치킨밥

1. 닭 모래주머니는 흐르는 물에 먼저 씻고 밀가루, 소금과 함께 주물러 씻은 다음 반으로 자른다. 닭 가슴살은 각 2cm로 자른다.
2. 냄비에 우엉을 넣고 끓인다.
3. 우엉 끓인 물에 닭 가슴살과 오트밀을 넣고 끓인다.
4. 마지막에 청경채를 넣고 살짝 끓인다.

○ 식이섬유가 풍부한 우엉은 혈당 상승을 억제하며 신장 기능을 원활하게 하므로 당뇨병이나 신장병이 있는 강아지에게 좋은 식재료이다. 장내의 노폐물을 배출하여 해독 작용에도 좋다. 우엉의 풍부한 섬유질은 소화되지 않아도 위에 부담을 주진 않지만 가급적 잘게 잘라 익힌 후 급여하는 것이 좋다.

면역력 강화에 좋은 영양소가 듬뿍 든 자연식

면역력이 강하면 어떠한 병이든 어렵지 않게 이겨낼 수 있으므로 평소에 면역력을 키우는 데 신경을 쓰며 돌보아 주어야 한다.

비타민C

면역세포의 생산과 운동성을 촉진시켜 면역력 증강에 도움을 준다.

브로콜리, 케일, 파프리카, 피망, 고구마, 청경채

비타민E

항산화 작용으로 노화를 방지하며 면역력을 높여 준다.

식물성 오일, 아몬드, 각종 견과류

비타민A(베타카로틴)

호흡기 점막 표면의 기능을 유지시키며, 호흡기 바이러스 감염 예방에 효과적이다.

당근, 단호박, 간류, 달걀노른자, 시금치

유산균

알레르기를 감소시키고, 비타민을 합성하며, 장 내에 있는 유해균을 억제시켜 장을 깨끗하게 해 준다.

요구르트, 청국장콩(낫토)

아세트산

항균물질을 지니고 있어 몇몇 박테리아를 사멸시키는 역할을 하여 음식이 상하거나 곰팡이가 자라는 것을 억제해 준다.

식초류

재료

사과식초 1ts
당근 20g
셀러리 10g
돼지고기(안심) 130g
잡곡밥 50g
물 100ml

비네거 셀러리죽

1. 셀러리는 잎까지 1cm 간격으로 썰고 당근은 각 0.5cm로 썬다. 돼지고기는 약 3cm로 길게 자른다.
2. 1의 재료들에 물과 식초를 넣고 익힌다.
3. 재료가 어느 정도 익으면 잡곡밥을 넣고 다시 한소끔 끓인다.

○ 사과식초는 식초들 가운데에서 과학적으로 가장 효능이 좋다고 증명되었는데, 사과식초에 다량 함유된 아세트산 때문이다. 아세트산은 항균 기능이 있어 몇몇 종류의 박테리아를 사멸시키며, 비타민과 각종 미네랄이 몸의 면역 체계를 강화해 질병 퇴치에 도움을 준다.

재료

감자 70g
코젯호박 20g
돼지고기(안심) 100g
요구르트 15g
당근 5g

돼지고기 요구르트 맘마

1. 감자는 삶고 당근은 잘게 썬다.
2. 삶은 감자는 껍질을 벗기고 당근과 함께 으깨어 요구르트와 함께 버무린다.
3. 돼지고기 안심과 코젯호박은 약한 불에서 굽는다.

○ 요구르트는 단백질과 비타민B의 함량이 풍부하며 장 연동 운동에 도움을 주는 것 외에도 면역 세포의 분열과 증식을 도와 몸의 면역력을 높인다. 평소에 면역력이 낮아 병원에 가는 일이 많은 반려견이나 면역력 증강이 필요한 노령견과 자견에게 좋다. 기호성이 높아 식재료 외에 토핑으로 이용해도 좋으며, 유당을 소화시키지 못하는 반려견도 설사를 일으키지 않는다. 다만 고칼로리이므로 칼로리 계산 시 유의하여야 한다.

재료

돼지고기(안심) 120g
파인애플 100g
꿀 1ts
케일 5장

하와이안 허니 BBQ

1. 돼지고기 안심과 파인애플은 1cm 간격으로 자른다.
2. 돼지고기 안심과 파인애플은 약한 불에서 굽는다.
3. 마지막 단계에 꿀을 토핑한다.

○ 케일은 베타카로틴과 비타민B_1, 비타민B_2, 비타민C, 비타민E 등 많은 영양소를 함유하고 있다. 특히 비타민C가 풍부한데 비타민C는 항산화 작용과 면역세포의 생산과 운동성을 촉진시켜 면역력 증강에 도움을 준다. 비타민C는 열을 가하면 파괴되는 만큼 되도록 생으로 섭취하는 것이 좋다.

스트레스 케어에 좋은 영양소가 듬뿍 든 자연식

강아지도 사람과 마찬가지로 스트레스가 해소되지 않고 쌓이면 면역력이 저하되고 질병에 쉽게 노출된다. 강아지는 말을 하지 못해 몸으로 표현하는데 반려인이 세심하게 신경 쓰지 않으면 알아채지 못할 수 있으니 강아지의 행동에 주의를 기울일 필요가 있다.

비타민B
신경세포와 두뇌세포를 건강하게 하며, 결핍될 경우 불안감이 커진다.
아보카도, 표고버섯, 달걀, 닭고기, 바나나 등

비타민E
항산화 작용을 하며, 스트레스를 받는 동안에 면역 체계를 보호하는 데 도움이 된다.
식물성 오일, 아몬드, 각종 견과류 등

비타민C
스트레스를 상승시키는 호르몬인 코티솔의 수치를 낮추어 준다.
브로콜리, 케일, 파프리카, 피망, 고구마, 청경채 등

오메가3지방산
긴장할 때 분비되는 코티솔과 아드레날린의 수치가 증가하지 않는다.
연어, 아마씨, 호두, 새우, 두부 등

마그네슘
코티솔 수치를 조절하고 안정감을 높여 준다.
시금치, 양배추, 케일, 청경채, 해조류 등

재료

오리 가슴살 200g
시금치 20g
단호박 20g
코티지치즈 30g
엑스트라버진
올리브오일 1/2ts

단호박 오리고기 맘마

1. 단호박은 빨리 익도록 얇게 잘라 엑스트라버진 올리브오일을 두른 프라이팬에서 볶는다.
2. 단호박이 익기 시작하면 오리 가슴살과 시금치를 넣고 볶는다.
3. 다 완성된 재료를 그릇에 담고 콩가루와 코티지치즈를 올린다.

○ 오리고기는 육류 중 유일하게 알칼리성으로 알려진 식재료이다. 스트레스를 받으면 몸이 산성화되어 면역력 저하와 각종 병에 취약하게 되는데 오리고기를 급여하면 몸의 산성화를 막아 면역력을 높이고, 원기 회복과 노화 방지에도 도움을 준다.

재료

아보카도 20g
고구마 20g
말고기(우둔살) 100g
셀러리 10cm

아보카도 말고기 생식

1. 아보카도는 씨를 발라내고 고구마는 쪄서 각 1.5cm 정도로 썬다.
   셀러리는 줄기 부분만 약 0.5cm 간격으로 총총 썬다.
2. 말고기는 기름기 없는 부분으로 준비하여 각 1.5cm로 깍둑 썬다.

○ 아보카도에는 긴장을 완화시키는 비타민B가 풍부하다. 비타민B는 신경세포와 두뇌세포의 건강을 위해서 꼭 필요한 영양소로 결핍될 경우 불안감을 상승시킬 수 있다. 기호성은 나쁘지 않으나 칼로리가 높은 편이므로 적량 급여에 주의를 기울여야 한다.

재료

소고기(홍두깨살) 100g
딸기 20g
현미밥 50g
단호박 20g
적양배추 20g
물 250ml

소고기 딸기 맘마

1. 소고기 홍두깨살, 단호박, 적양배추는 각 2cm로 자르고 딸기는 3등분한다.
2. 냄비에 물을 넣고 끓이다가 단호박을 넣어 익힌다.
3. 단호박 끓인 물에 소고기, 적양배추, 현미밥을 넣고 5분간 끓인다.
4. 완성된 요리를 그릇에 담고 그 위에 딸기를 올린다.

○ 딸기는 스트레스로 소모되는 비타민C와 안토시아닌을 함유하고 있어 항산화 작용을 하며, 간 기능의 강화에도 도움이 된다. 그 밖에도 칼륨·펙틴·구연산 등이 풍부하며, 고혈압을 개선시키고, 면역력을 강화시키며, 피로회복과 이뇨 작용, DNA를 보호한다.

눈 건강에 좋은 영양소가 듬뿍 든 자연식

눈은 한 번 나빠지면 다시 회복하기가 어렵다. 평소에 눈을 건강하게 하는 성분인 비타민A(베타카로틴)와 항산화물질이 함유된 식재료를 사용한 레시피로 눈 관리에 신경을 쓰는 것이 좋다.

비타민A(베타카로틴)
시력을 보호해 주며, 야맹증 개선에도 효능이 뛰어나다.

당근, 단호박, 시금치, 파슬리

안토시아닌
망막과 동공 건강을 유지해 준다.

가지, 블루베리, 빌베리, 아로니아

비타민E
항산화 작용을 하며 노화를 방지한다.

호두, 식물성 오일, 대두, 깨

아스파라긴산
눈의 피로회복에 좋다.

아스파라거스, 숙주, 콩나물

단백질
결핍될 경우 노안이 빨리 올 수 있다.

닭 가슴살, 소고기, 돼지고기, 달걀흰자

재료

닭 가슴살 200g
단호박 20g
파프리카 10g
견과류(호두,
아몬드, 검은깨) 3g
참기름 1ts

고소한 치킨 맘마

1. 단호박은 껍질을 벗긴다. 단호박과 파프리카, 닭 가슴살은 가로세로 각 1.5cm로 썬다.
2. 유리볼에 1의 재료들을 넣고 전자레인지에서 3분간 가열한다.
3. 견과류(호두, 아몬드, 검은깨)는 잘게 다져서 참기름에 버무려 소스를 만든다.
4. 익힌 재료들을 참기름 소스와 잘 버무린다.

○ 단호박에는 눈 건강에 좋은 베타카로틴이 풍부하다. 아몬드·호두·깨 등의 견과류에는 눈 건강에 좋은 오메가3지방산이 풍부하며, 비타민E와 불포화지방산인 리놀산과 올레인산이 함유되어 있어 콜레스테롤을 낮추고 동맥 경화도 예방할 수 있다. 눈 건강을 위해서는 견과류를 꾸준히 급여하는 것이 좋지만 양에 비해 칼로리가 높은 편이므로 주의를 기울여야 한다.

재료

파프리카 10g
쥬키니호박 10g
가지 10g
토마토(중간 크기) 1개
다진 쇠고기 100g
현미밥 20g
엑스트라버진 올리브오일 1/2ts

비프 라타투이

1. 파프리카, 쥬키니호박, 가지를 각 1cm로 자른다.
2. 가열된 프라이팬에 엑스트라버진 올리브오일을 두르고 1의 재료들을 익힌다.
3. 토마토는 각 1cm로 자른다.
4. 가열된 프라이팬에서 토마토를 어느 정도 익힌 다음 쇠고기와 함께 조금 더 익힌다.
5. 준비된 현미밥과 함께 접시에 담는다.

○ 강아지도 나이가 들면 사람과 마찬가지로 시력 저하와 안구 질환으로 고생하기도 한다. 시력이 나빠지지 않게 하려면 무엇보다 식생활이 중요하다. 가지에 함유된 안토시아닌 성분은 눈이 피로하지 않게 하여 시력을 보호해 줄 뿐만 아니라 망막을 구성하는 드롭신이 부족하지 않게 도와주어 망막 변증, 녹내장 같은 안구 질환 예방에도 좋다.

재료

소고기(홍두깨살) 100g
숙주 10g
배 10g
백미밥 20g
참기름 1ts

소고기 고명덮밥

1. 소고기 홍두깨살과 배는 약 3cm로 길이를 맞추어 자른다.
2. 준비된 재료를 참기름을 두른 프라이팬에서 익힌다.
3. 그릇에 백미밥과 익힌 재료를 담는다.

○ 소고기 중에서도 기름기가 적은 부위에는 아연이 풍부하다. 아연은 항산화제의 흡수를 도와 질병 저항력을 키워 주며, 노화로 인한 시력 저하를 방지한다. 소고기는 지방이 얼마나 있는가에 따라 칼로리 차이가 크니 지방이 적은 부위를 사용하는 편이 건강에 좋다. 숙주에도 눈 건강에 도움이 되는 아스파라긴산이 많이 함유되어 있다.

아토피에 좋은 영양소가 듬뿍 든 자연식

아토피는 만성화되기 쉬운 병이지만 원인과 이유를 알면 예방할 수 있다. 병원에서 나온 처방식에 의존하기보다는 자신이 키우는 강아지의 체질을 고려한 식단을 구성하는 것이 좋다.

타우린

간 기능을 강화시킨다.

참치, 고등어, 멸치, 닭 간

EPA/DHA

면역력 유지에 도움을 주며, 염증을 억제한다.

멸치, 연어, 고등어, 꽁치

글루타티온

독소를 세포 밖으로 배출시키며, 산화환원 반응에 중요한 역할을 한다.

호박, 브로콜리, 아스파라거스, 돼지고기

비타민B$_6$

간에 지방이 쌓이는 것을 억제하며, 지방과 탄수화물 대사에 관여한다.

돼지고기, 달걀, 참치, 연어

비오틴

피부 건강을 유지시킨다.

현미, 달걀노른자, 대두, 깨

재료

고등어 140g
토마토 1/2개
아스파라거스 40g
퀴노아 20g
물 100ml

고등어 퀴노아죽

1. 토마토는 잘게 썬다.
2. 고등어와 아스파라거스는 찜기에 찐다.
3. 준비한 토마토와 퀴노아는 물 100ml을 넣고 삶는다.
4. 아스파라거스가 길면 먹기 힘드니 1cm 간격으로 썰어서 토핑한다.

○ 퀴노아는 안데스 산맥에서 재배되는 곡물이다. 세계 10대 건강식품에 선정될 만큼 풍부한 영양소를 갖추고 있다. 알레르기를 유발하는 글루텐을 함유하지 않아 아토피나 소화 장애가 있는 동물들에게 좋다.

재료
감자 30g
방울토마토 5개
양배추 10g
양고기 100g
파슬리 조금

양고기 코울슬로

1. 감자는 찐 후 뜨거울 때 으깨고 양배추는 0.5cm로 잘게 다진다.
2. 양고기는 각 2cm 정도로 자른 후 방울토마토와 함께 프라이팬에서 익힌다.
3. 감자와 양배추를 그릇에 넣고 잘 섞는다.

○ 양고기는 양질의 단백질로 다른 육류와 비교할 때 지방이 적어 소화가 잘된다. 대사를 촉진시켜 몸과 뇌에 에너지를 공급하는 비타민B군, 혈행을 좋게 하여 피부를 건강하게 하는 나이아신, 빈혈 예방에 필요한 철분 등이 풍부하다. 지방 연소에 도움을 주는 아미노산이 풍부하게 함유되어 있어 다이어트를 하는 사람들에게 많은 인기를 끌고 있다.

재료

무염참치 통조림
150g
양상추 2장
오이 15g
빨간 파프리카 10g
쌀국수 50g
파슬리 조금

참치 쌀국수

1. 오이와 파프리카는 0.5cm 간격으로 길게 채 썰고 양상추는 손으로 잘게 찢는다.
2. 참치 통조림은 기름을 체에 밭쳐 준비한다. 무염참치 통조림이 아닐 경우엔 끓는 물에 살짝 데친다.
3. 쌀국수는 삶아서 5cm 간격으로 썬다.
4. 모든 재료를 잘 섞고 파슬리가루를 뿌린다.

 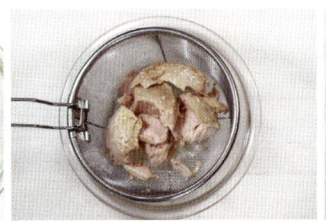 

○ 알레르기를 일으키기 쉬운 밀가루 국수 대신에 비교적 알레르기를 덜 일으키는 쌀국수를 사용하였다. 수분이 많은 채소인 양상추와 오이를 사용하여 체내 알레르겐을 빠르게 배출하여 알레르기에 도움이 되도록 하였다.

PART 4

간단하고 빠르게
자연식 만들기

닭고기로 만드는 자연식

닭고기는 저칼로리의 고단백 육류로 알려져 다이어트 식단에 많이 이용되는 건강 식재료이다. 필수아미노산이 함유되어 있으며, 동맥 내의 지방 축적을 줄여 주는 메티오닌이 풍부하다. 지방을 분해하여 생체 내의 지질과 산화를 억제함으로써 지방간을 예방할 수 있다. 단, 지방이 껍질 부분에 집중적으로 몰려 있어 껍질과 함께 급여하면 칼로리가 높아지므로 주의해야 한다. 요리에 사용할 경우에는 껍질 없이 사용하거나 다른 부위보다 지방질이 적은 가슴살이나 안심살을 사용하는 것이 좋다.

닭고기에 들어 있는 영양소

단백질, 지방, 비타민A, 비타민B_1, 비타민B_2, 나이아신, 철, 아연, 칼륨

닭고기의 효능

동맥 경화 예방, 간 기능 강화, 비만 방지, 피부 건강 유지

재료

주키니호박 20g
달걀 2개
콜리플라워 20g
엑스트라버진
올리브오일 1/2ts
우유 100ml
스파게티면 20g
오레가노 조금

스크램블 스파게티

1. 오레가노는 잘게 썰고 콜리플라워와 주키니호박은 각 1cm로 썬다.
2. 우유에 달걀을 풀어 준비된 콜리플라워와 주키니호박을 넣어 섞는다.
3. 가열된 프라이팬에 엑스트라버진 올리브유를 두르고 준비된 재료를 저으며 익히다가 삶아서 준비한 스파게티면을 함께 볶는다.
4. 오레가노를 토핑해 준다.

○ 달걀은 익히는 데 시간이 많이 걸리지 않기 때문에 주키니호박과 콜리플라워를 미리 삶아서 냉동시켜 두었다가 해동하여 사용하면 조리 시간을 단축시킬 수 있다.

재료

닭 가슴살 200g
가지 20g
시금치 20g
아마씨 1ts
아마씨오일 1/2ts

채소닭 가슴살 무침

1. 가지와 시금치는 찜기에 찐다.
2. 닭 가슴살은 삶아서 찢거나 익히지 않은 날 것으로 준비한다.
3. 가지는 잘게 찢고 시금치의 길이가 긴 경우에는 3cm 정도로 잘라 아마씨오일과 아마씨를 넣고 무친다.

○ 가지와 시금치는 미리 삶아서 냉동한 것을 사용해도 된다. 닭 가슴살도 신선한 상태에서 생으로 사용하거나 삶아서 한 번 급여할 분량씩 냉동시켜 놓으면 조리 시간을 단축시킬 수 있다.

재료

닭 가슴살 200g
각종 콩 20g
코젯호박 30g
토마토(중간 크기)
1/4개

치킨&빈스

1. 닭 가슴살은 다지고, 콩은 3시간 이상 물에 불린 후 삶는다.
2. 닭 가슴살과 콩을 섞어 찰지도록 치댄 다음 찜기에서 약 10분간 찐다.
3. 코젯호박은 얇게 썬다.
4. 토마토는 끓는 물에 살짝 데쳐 껍질을 벗긴 후 다진다.

○ 닭 가슴살과 콩을 섞은 반죽을 한 번 급여할 분량씩 냉동 보관하면 조리 시간을 절약할 수 있다.
찐 닭 가슴살은 겉은 식었더라도 안은 뜨거울 수 있으니 잘라서 꼭 식힌 다음 급여한다.

소고기로 만드는 자연식

소고기에 많이 함유된 단백질은 뼈나 근육, 혈액 등을 구성하는 주성분이다. 비타민B₂는 성장을 촉진시키는 한편 동맥 경화나 노화 방지에 좋다. 병후 회복기, 수유기의 강아지에게 급여하면 기운을 차리는 데 도움이 된다. 많이 섭취하면 동맥 경화나 콜레스테롤로 인한 문제가 생길 수도 있으므로 식단을 짤 때는 기름기가 적은 부위로 적당량을 사용하도록 한다.

소고기에 들어 있는 영양소

단백질, 비타민B₂, 비타민B₆, 나이아신, 콜린, 철분, 아연, 칼륨

소고기의 효능

빈혈 개선, 기력 보충, 성장 촉진, 동맥 경화 예방, 당뇨병 예방, 콜레스테롤 제거

재료

다진 소고기 130g
강황가루 3g
백미밥 50g
양배추 30g
목이버섯 10g
엑스트라버진
올리브오일 1/2ts

강황 비프 필라프

1. 양배추, 버섯은 각 1cm로 자른다.
2. 엑스트라버진 올리브오일을 두른 프라이팬에 강황가루만 빼 나머지 재료를 넣고 볶는다.
3. 소고기의 색상이 거의 다 변하며 익으면 강황가루를 넣어서 다시 한 번 볶는다.

◯ 양배추는 숨이 죽지 않아도 되니 소고기가 어느 정도 익으면 강황가루를 넣고 빠르게 볶는다.
강황가루는 기호에 따라 양을 가감해 준다.

재료

들깨가루 10g
쌀가루 3g
소고기(안심) 150g
베이비 채소 20g
말린 표고버섯
우린 물 20ml

들깨소스 소고기 스테이크

1. 말린 표고버섯 우린 물을 냄비에 넣고 끓인 후 들깨가루와 쌀가루를 넣어서 걸쭉하게 될 때까지 더 끓여 들깨소스를 만든다.
2. 소고기 안심은 기름을 사용하지 않고 프라이팬에서 굽는다.
3. 걸쭉하게 된 들깨 소스에 베이비 채소를 버무린다.
4. 구운 소고기와 같이 접시에 담아낸다.

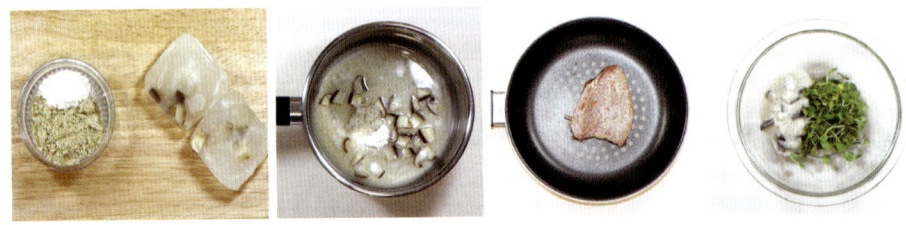

○ 말린 표고버섯 우린 물은 미리 끓여 얼음 블록으로 만들어 두면 조리 시간을 절약할 수 있다. 쌀가루나 들깨가루도 조리할 때마다 갈아서 사용하기보다는 미리 갈아 두고 사용하면 편리하다. 강아지의 기호에 따라 고기의 익힌 정도를 조절한다.

재료

다진 소고기 100g
시금치 10g
감자(작은 크기) 1개
밀가루 20g
무유당 우유 50ml

시금치 비프 뇨키

1. 감자를 찐 다음 껍질을 벗기고 으깨어 밀가루와 섞어 반죽한다.
   지름 3cm 정도로 납작하게 빚은 다음 끓는 물에 데친다.
2. 시금치는 5cm 간격으로 자른다.
3. 다진 소고기는 프라이팬에서 익힌다.
4. 냄비에 우유를 넣고 끓이다가 시금치를 넣어 데친다.
5. 조리된 재료들을 그릇에 담는다.

○ 찐 감자와 밀가루를 넣은 반죽을 한 번 급여할 분량씩 냉동 보관해 두었다가 조리하기 하루 전날에 냉장고로 옮겨 해동하여 물이 끓는 동안 빚어도 된다.

오리고기로 만드는 자연식

오리고기는 단백질이 많으며, 육류 중 유일하게 알칼리성 식품으로 불포화지방산의 함량이 높아 먹으면 먹을수록 건강해지는 저알레르겐 식재료이다. 오리고기에 함유된 불포화지방산은 피부를 건강하게 하고, 필수아미노산은 기력 회복에 도움을 준다. 껍질에는 지방이 많으므로 조리할 때는 지방을 없애거나 가슴살을 이용하는 것이 좋다.

오리고기에 들어 있는 영양소

고단백, 필수아미노산, 불포화지방산, 철, 인, 칼슘, 비타민C, 비타민B

오리고기의 효능

기력 회복, 피부 건강, 혈관 질환 예방

재료

오리 가슴살 230g
방울토마토 5개
아스파라거스 20g
미니양배추 20g
(일반 양배추도 가능)

오리 아스파라거스 샐러드

1. 미니양배추와 아스파라거스는 끓는 물에 데친다.
2. 오리 가슴살은 채 썰고 방울토마토와 미니양배추는 4등분한다.
   일반 양배추를 사용할 경우에는 잘게 썬다.
3. 아스파라거스는 섬유질이 많아 질길 수 있으므로 가슴살을 삶을 때 다시 한 번 익혀도 좋다.
4. 준비한 재료들을 보기 좋게 담는다.

○ 방울토마토와 아스파라거스, 미니양배추는 한꺼번에 삶아서 한 번 급여할 분량씩 나누어 냉동 보관했다가 해동하여 사용하면 조리 시간을 단축시킬 수 있다.

재료

오리 가슴살 200g
양배추 20g
무염 모차렐라치즈 1장
방울토마토 1개

오리 함박 스테이크

1. 오리 가슴살은 칼로 다진다.
2. 양배추도 잘게 다진 후 오리 가슴살과 섞는다. 양배추가 크면 조리할 때 부서질 수 있으니 너무 크지 않도록 한다.
3. 양배추와 오리 가슴살은 치대듯이 반죽한 후 150도의 불에서 약 10분간 익힌다.
4. 패드가 어느 정도 익으면 모차렐라치즈와 방울토마토를 올린 후 약 1분간 다시 오븐에 넣어 치즈를 녹인다.

○ 반죽은 냉동시켜 두었다가 사용하면 조리 시간을 단축할 수 있다. 패티를 만들어 냉동 보관할 경우에는 생 양배추가 아닌 데친 양배추로 만드는 것이 좋다. 오븐이 아닌 전자레인지에서 익히면 좀 더 시간을 단축시킬 수 있다.

재료

오리 가슴살 200g
사과 50g
고구마 20g
어린잎채소 10g
플레인 요구르트 1ts
아몬드 2알
블루베리 조금
꿀 5g
물 500ml

고구마 사과 조림

1. 오리 가슴살은 삶은 후 잘게 찢고, 고구마와 사과는 각 2cm 정도로 자른다.
2. 물에 꿀을 녹여 사과와 고구마를 넣고 물이 거의 없어질 때까지 졸인다.
3. 어린잎채소는 요구르트로 버무리면 숨이 죽으니 너무 크지 않다면 자르지 않고 사용한다. 아몬드는 잘게 부순다.
4. 아몬드와 어린잎채소는 요구르트를 넣어 버무린다.
5. 준비된 재료들을 그릇에 담는다.

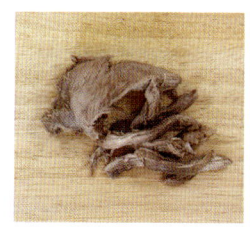   

○ 고구마와 사과 졸인 것은 냉동시켜 사용해도 된다. 꿀을 좀 더 많이 넣으면 보관 기간을 늘릴 수 있다.

해산물로 만드는 자연식

대체적으로 생선에 많이 함유된 EPA와 DHA는 혈행을 좋게 하며, 알레르기를 개선하고, 뇌의 움직임을 활발하게 해 준다. 또한 강력한 항산화 작용으로 노화를 방지한다. 불포화지방산이 풍부하게 함유되어 있는데, 불포화지방산은 열에 취약하므로 너무 오랫동안 익히지 않는 것이 좋다.

뼈까지 먹을 수 있는 멸치의 경우 칼슘의 왕이라 불리는 만큼 칼슘의 함량이 높으니 성장기 강아지들이나 뼈에서 칼슘이 빠져 나가는 노령견에게 급여하면 좋다. 패류는 간 기능을 강화시키며, 해독 작용을 하는 성분이 많이 함유되어 있다.

해산물에 들어 있는 영양소

단백질, 비타민B_1, 비타민B_6, 비타민B_{12}, 비타민D, 비타민E, DHA, EPA, 엽산, 타우린

해산물의 효능

비만 방지, 동맥 경화 예방, 피로 회복, 뼈와 치아 강화, 혈행 촉진, 콜레스테롤 제거

재료

조개관자 100g
참치 100g
당근 20g
청경채 20g
다시마 10g
팽이버섯 20g
물 200ml

참치 관자 지리

1. 손질한 조개관자와 참치를 한 입 크기로 썰고 청경채, 팽이버섯, 다시마는 2cm 정도 크기로 썰고 당근은 얇게 자른다.
2. 냄비에 물을 붓고 관자와 참치, 다시마를 넣고 끓인다.
3. 2에 청경채, 팽이버섯, 당근을 넣고 다시 한 번 살짝 끓인다.
4. 완성된 재료를 접시에 담는다.

○ 참치는 부위에 따라 영양 분포가 조금씩 다르기는 하지만 대체적으로 어느 부위든 단백질의 함량이 높으며 비타민B$_6$, 비타민D, 비타민E, DHA, EPA 등의 영양분도 높다. 특히 마그네슘이 풍부해서 강력한 항산화 작용으로 암을 억제시키며, 알레르기를 개선시키고, 노화 방지에 좋다. 조개관자 역시 단백질과 필수 미네랄 함량이 뛰어나다.

재료

명태포 245g
잡곡밥 20g
미역 1g
녹차 3g
아스파라거스 20g
물 150ml

명태 오차쓰케

1. 미역은 잘게 썰어 물에 불린다.
2. 미역을 한소끔 끓여 낸 후 불을 끄고 녹차를 차망에 넣어 우려낸다. 티백을 사용해도 된다.
3. 아스파라거스는 0.5cm로 잘게 썬다.
4. 명태포는 기름을 두르지 않고 굽는다.
5. 녹차를 우려낸 미역국에 구운 명태포와 잡곡밥을 넣고 아스파라거스를 곁들인다.

○ 미역은 물에 30분 정도 담가 두면 불지만 시간이 없다면 미리 불려서 냉동실에 보관해 두고 사용하면 편리하다. 아스파라거스도 익힌 다음 잘게 썰어 얼려 두었다가 사용하면 조리 시간도 단축되고 간단하게 만들 수 있다.

재료

황태 50g
브로콜리 20g
오트밀 20g
서리태 10g
물 30ml

오트밀 황태포 덮밥

1. 서리태는 3시간 이상 물에 불린 후 삶는다.
2. 황태는 물에 넣어 염분을 없앤다.
3. 황태는 2cm 정도로 잘게 자르고, 브로콜리는 가로세로 각 1cm 정도로 자른다.
4. 냄비에 모든 재료를 넣고 한소끔 끓인다.

○ 콩은 미리 불려서 삶아서 사용하는데 여의치 않을 경우에는 삶은 콩을 한 번 사용할 분량만큼 냉동시켰다가 사용하면 조리 시간이 단축된다.

강아지에게 필요한 5대 영양소

동물의 몸이 신체를 유지해 나가기 위해서는 영양소가 필요하다. 영양소는 3가지의 중요한 역할을 한다. 먼저 생명을 유지시켜 삶을 이어 나가게 하는 에너지원이다. 다음은 뼈와 근육, 혈액 등 신체 조직의 구성 성분이다. 마지막으로 호르몬이나 산소, 면역 활성 물질 등을 만들어 내어 몸의 기능을 조절한다.

영양소의 3가지 역할 중에서도 에너지를 발생하는 중요한 역할을 하는 단백질·지방·탄수화물을 3대 영양소라고 부르며, 거기에 신체 조절을 담당하는 미네랄과 비타민을 합쳐 5대 영양소라고 부른다. 3가지 중요한 역할을 위해서는 5대 영양소가 빠져서 안 된다. 그 밖에 과도하게 공급된 영양소를 배출시키는 식이 섬유도 빼놓을 수 없는 영양소라고 할 수 있다.

▶ **영양소의 3가지 역할**
- 삶을 유지시키는 에너지원
- 몸의 구성 성분
- 몸의 기능 조절

▶ **5대 영양소**
- 단백질, 지방, 탄수화물, 미네랄, 비타민

⊙ 단백질

단백질은 몸을 구성하는 기본이며 생명을 유지시키는 데 절대적으로 필요한 영양소이다. 약 20가지의 아미노산으로 이루어져 있으며 아미노산의 수, 종류, 역할에 의하여 형태가 나누어진다. 단백질 1g은 약 3.5kcal의 에너지를 생성하며 흡수되면 분해되어 아미노산이 된 후 합쳐져 신체를 구성한다.

아미노산은 체내에서 합성이 가능한 아미노산과 체내에서 합성되지 않는 아미노산으로 나뉘며, 합성이 가능해도 충분히 만들어지지 못하여 보충을 해 주어야 하는 아미노산도 있다.

체내 합성이 되지 않는 아미노산을 필수아미노산이라고 하는데, 약 10가지의 아미노산이 강아지에게 꼭 필요한 아미노산이라고 할 수 있다.

단백질은 식물성 단백질과 동물성 단백질로 나뉜다. 강아지는 육식에 가까운 잡식동물이라서 신장 관련 질환이 있는 특별한 경우를 제외하고는 식물성 단백질보다 동물성 단백질의 소화흡수율이 높다. 단백질의 과다 섭취로 인한 중독 현상은 없으나 결핍되면 성장 불량, 체중 감소, 빈혈을 일으킬 수 있다.

- **단백질의 영양 효과**
  성장 촉진, 신경 안정, 면역력 향상, 뇌의 활성화

- **단백질 공급에 좋은 재료**
  닭고기, 오리고기, 소고기, 돼지고기, 연어, 고등어, 대두, 두부, 새우, 달걀, 유제품 등

⊙ 지방

지방은 효과 좋은 에너지원이다. 지방 1g당 생성해 내는 에너지는 약 9kcal로 단백질이나 탄수화물에 비해 약 2배 이상의 에너지를 공급한다. 지방은 몸을 구성하는 세포와 세포막의 중요한 성분으로 지용성 비타민의 흡수를 돕는 역할도 한다.

지방은 소장에서 지방산과 글리세린으로 분해되어 흡수되는데, 지방산은 포화지방산과 불포화지방산으로 나뉜다.

오메가6지방산이라 불리는 불포화지방산의 한 가지인 리놀산은 강아지의 건강 유지와 성장에 꼭 필요하지만 체내에서 만들어 내지 못하기에 필수지방산이라고 불린다. 필수지방산은 식사를 통하여 얻어지는 총에너지의 2%가 최저 필수량이다. 오메가3지방산이라고 불리는 알파리놀산과의 비율이 오메가

6:오메가3=5~10:1일 경우 아토피나 알레르기에 도움이 되는 것으로 알려져 있다.
강아지는 지방 함량이 높은 식사일수록 맛있다고 느끼는 경향이 있다. 또한 지방의 소화흡수율이 높은 편이므로 너무 많이 주면 비만이 될 수 있으니 주의를 기울여야 한다.
하지만 결핍 시에는 전신의 피부가 건조해지며, 상처의 회복이 더디고, 에너지 부족으로 인하여 면역력이 저하되고, 피부병이나 각종 전염병에 취약해질 수 있다. 따라서 좋은 지방질을 적당량 섭취할 수 있도록 해야 한다.

- **지방의 영양 효과**
  에너지 저축, 동맥 경화 예방, 뇌 기능 유지

- **지방 공급에 좋은 재료**
  꽁치, 연어, 고등어, 올리브오일, 참기름, 카놀라유, 햄프오일 등

⊙ 탄수화물

탄수화물은 신체를 움직이게 하며 건강의 기본이 되는 중요한 에너지원이다. 당질(글루코스)과 강아지의 소화효소로는 소화시킬 수 없는 식이섬유(셀룰로오스)를 합친 것으로 1g당 약 3.5kcal의 에너지를 발생시킨다.
글루코스는 바로 에너지원으로 사용이 가능하다. 한편 셀룰로오스는 소화시킬 수 없지만 포만감을 주어 정장 효과를 기대할 수 있다.
탄수화물의 하루 최저 요구량은 확실히 밝혀지지 않았지만 성장기나 임신 중에는 탄수화물이 절대적으로 필요하다. 쌀이나 옥수수, 보리, 귀리 등의 전분은 소장에서 바로 소화되지만 감자나 고구마 같은 전분은 가열하여 조리하는 과정에서 소화가 촉진된다. 강아지가 좋아하도록 당분을 추가하는 경우가 있지만 강아지가 단맛을 느끼는 정도는 사람보다 더 강한 것으로 알려져 있으며 단맛에 길들여지면 가미가 되지 않은 식단에는 기호성이 낮을 수 있으므로 되도록 소량을 사용하도록 한다.
탄수화물의 과도한 섭취는 지방으로 합성되어 체지방으로 축적되니 적절한 섭취가 중요하다.

- **탄수화물의 영양 효과**

    에너지 공급, 피로회복, 뇌의 활성화, 해독 작용 촉진

- **탄수화물 공급에 좋은 재료**

    백미, 현미, 고구마, 감자, 마, 바나나, 사과, 면류 등

◉ 미네랄

강아지에게는 18종류 이상의 미네랄이 필요하다. 그 중 가장 많이 필요로 하는 주요 미네랄인 나트륨·칼륨·칼슘·마그네슘·인의 5종류와, 체내에 소량 존재하는 철·아연·구리·요오드·셀레늄·망간·코발트·크롬·몰리브덴·염소·불소의 11가지 미량 미네랄이 있다.

▶ 주요 미네랄

나트륨

- 나트륨의 영양 효과 : 삼투압 유지, 소화 촉진, 신경 자극
- 나트륨 공급에 좋은 재료 : 해산물, 가금류
- 나트륨 결핍 시 : 식욕 부진
- 나트륨 과용 시 : 고혈압, 심장 질환, 신장 질환

칼륨

- 칼륨의 영양 효과 : 삼투압 유지, 혈압 저하, 심근·근육 기능 조절
- 칼륨 공급에 좋은 재료 : 바나나, 감자, 대두, 아보카도, 시금치
- 칼륨 결핍 시 : 성장 억제
- 칼륨 과용 시 : 마비 증상

칼슘

- 칼슘의 영양 효과 : 뼈와 치아 형성, 정신 안정, 근육 수축

- 칼슘 공급에 좋은 재료 : 건새우, 멸치, 치즈, 우유, 산양유, 무청
- 칼슘 결핍 시 : 성장 억제, 구루병, 골경화증
- 칼슘 과용 시 : 다른 미네랄(철, 아연, 마그네슘)의 흡수 억제, 신장결석

마그네슘
- 칼슘의 영양 효과 : 산소 반응 활성, 근육 수축, 심장 질환 예방
- 마그네슘 공급에 좋은 재료 : 아몬드, 청국장콩(낫토), 두부, 전갱이, 다시마
- 마그네슘 결핍 시 : 근력 저하, 성장 지연
- 마그네슘 과용 시 : 설사

인
- 인의 영양 효과 : 뼈와 치아 형성, 당질 대사, 혈액의 pH 조절
- 인 공급에 좋은 재료 : 유제품, 대두, 두부, 소간, 아몬드, 달걀노른자
- 인 결핍 시 : 성장 억제, 성장기 동물의 경우 구루병, 골경화증
- 인 과용 시 : 다른 미네랄(철, 아연, 마그네슘)의 흡수 억제, 신장결석

▶ **미량미네랄**

철
- 철의 영양 효과 : 적혈구의 헤모글로빈 형성, 빈혈 예방
- 철 공급에 좋은 재료 : 간, 소고기, 말고기, 대두
- 철 결핍 시 : 빈혈
- 철 과용 시 : 아연 결핍, 과다되는 일은 극히 드물다.

아연
- 아연의 영양 효과 : 면역 체계 강화, 치유, 이산화탄소 제거
- 아연 공급에 좋은 재료 : 육류, 간, 유제품, 해산물

- 아연 결핍 시 : 피부 질환, 면역 기능 저하
- 아연 과용 시 : 과다되는 일은 극히 드물다.

구리

- 구리의 영양 효과 : 산소 반응에 필요
- 구리 공급에 좋은 재료 : 간류, 두부, 청국장, 대두, 버섯, 새우
- 구리 결핍 시 : 빈혈, 성장 저하, 탈모, 뼈 이상
- 구리 과용 시 : 과다되는 일은 극히 드물다.

요오드

- 요오드의 영양 효과 : 갑상선 호르몬 성분
- 요오드 공급에 좋은 재료 : 해산물, 어패류
- 요오드 결핍 시 : 성장 불량, 번식능력 상실
- 요오드 과용 시 : 갑상선비대증

셀레늄

- 셀레늄의 영양 효과 : 세포 산화 방지, 면역 체계 향상, 항암 작용
- 셀레늄 공급에 좋은 재료 : 물고기류
- 셀레늄 결핍 시 : 근육 손실, 번식 능력 상실
- 셀레늄 과용 시 : 중독성이 높으며, 중독에 의한 사망에 이를 수도 있다.

망간

- 망간의 영양 효과 : 항산화 작용, 뼈 형성 자극 촉진
- 망간 공급에 좋은 재료 : 대부분의 채소
- 망간 결핍 시 : 골대사 이상, 성장 불량, 번식 능력 상실
- 망간 과용 시 : 과다되는 일은 극히 드물다.

◉ 비타민

비타민은 단백질이나 탄수화물, 지방과 달리 에너지원이나 혈액, 근육 생성을 할 수 없지만 체내에는 없어서는 절대로 안 되는 영양소이다.

비타민은 크게 물에 잘 녹는 수용성 비타민과 유지방에 잘 녹는 지용성 비타민으로 나뉜다. 지용성 비타민은 수용성 비타민에 비하여 비교적 오랫동안 저장이 가능하기에 매일 보충해 줄 필요는 없지만 과용하면 간에 무리를 줄 수 있다. 수용성 비타민은 소변으로 배출되므로 과용해도 문제되는 점은 없다.

▶ 수용성 비타민

수용성 비타민은 강아지 체내에서 합성이 불가능하다.

비타민 B_1(티아민)

- 비타민 B_1(티아민)의 영양 효과 : 당질을 에너지원으로 전환한다.
- 비타민 B_1(티아민) 공급에 좋은 재료 : 돼지고기, 대두, 닭 간, 맥주효모
- 비타민 B_1(티아민) 결핍 시 : 각기병에 걸려 신경 장애로 인한 다리 마비와 심장 쇠약 증상이 나타난다.
- 비타민 B_1(티아민) 과용 시 : 수용성이라 과용으로 인한 피해는 없다.

비타민 B_2(리보플라빈)

- 비타민 B_2(리보플라빈)의 영양 효과 : 지질을 대사시키며 점막을 보호한다.
- 비타민 B_2(리보플라빈) 공급에 좋은 재료 : 돼지고기, 소 간, 우유, 청국장콩(낫토)
- 비타민 B_2(리보플라빈) 결핍 시 : 구강염과 지루성피부염, 백내장과 빈혈이 생긴다.
- 비타민 B_2(리보플라빈) 과용 시 : 수용성이라 과용으로 인한 피해는 없다.

비타민 B_3(나이아신)

- 비타민 B_3(나이아신)의 영양 효과 : 당질과 지질 대사, 뇌신경에 작용한다.
- 비타민 B_3(나이아신) 공급에 좋은 재료 : 간, 가쓰오부시, 참치, 고등어
- 비타민 B_3(나이아신) 결핍 시 : 구강 내의 염증, 혈액이 섞인 침, 구취가 난다.
- 비타민 B_3(나이아신) 과용 시 : 구토나 설사, 부정맥을 일으킬 수 있다.

비타민B₆(판토텐산)

- 비타민B₆(판토텐산)의 영양 효과 : 항스트레스 작용, 자율신경에 관여한다.
- 비타민B₆(판토텐산) 공급에 좋은 재료 : 닭고기, 돼지 간, 청국장콩(낫토), 버섯, 브로콜리
- 비타민B₆(판토텐산) 결핍 시 : 스트레스가 쌓이고 상처 치료가 더디며 콜레스테롤의 균형이 깨진다.
- 비타민B₆(판토텐산) 과용 시 : 수용성이라 과용으로 인한 피해는 없다.

비타민B₆(피리독신)

- 비타민B₆(피리독신)의 영양 효과 : 적혈구세포의 생성을 도우며, 단백질 대사에 관여하고, 신경전달물질을 합성한다.
- 비타민B₆(피리독신) 공급에 좋은 재료 : 가쓰오부시, 꽁치, 소고기, 닭 간
- 비타민B₆(피리독신) 결핍 시 : 피부염, 탈모
- 비타민B₆(피리독신) 과용 시 : 운동능력이 저하되거나 평형감각을 잃을 수 있다.

비타민B₁₂(시아노코발라민)

- 비타민B₁₂(시아노코발라민)의 영양 효과 : 신경세포 유지를 돕고, 지방산과 아미노산의 분해를 돕는다.
- 비타민B₁₂(시아노코발라민) 공급에 좋은 재료 : 간, 꽁치, 고등어, 전갱이
- 비타민B₁₂(시아노코발라민) 결핍 시 : 무기력, 피곤, 위장 장애, 체중 감소
- 비타민B₁₂(시아노코발라민) 과용 시 : 수용성이라 과용으로 인한 피해는 없다.

엽산

- 엽산의 영양 효과 : 적혈구 생성과 성장 촉진
- 엽산 공급에 좋은 재료 : 간, 시금치, 아보카도, 메론, 아스파라거스, 파슬리
- 엽산 결핍 시 : 빈혈과 혈구에 거대적아구성 이상을 초래하며 임신 시 조산이나 사산된다.
- 엽산 과용 시 : 수용성이라 과용으로 인한 피해는 없다.

비오틴

- 비오틴의 영양 효과 : 당질과 지질, 단백질 대사

- 비오틴 공급에 좋은 재료 : 달걀, 간, 전갱이
- 비오틴 결핍 시 : 탈모, 피부염
- 비오틴 과용 시 : 수용성이라 과용으로 인한 피해는 없다.

비타민C
- 비타민C의 영양 효과 : 콜라겐 합성, 항산화 작용, 해독 작용, 면역력 향상
- 비타민C 공급에 좋은 재료 : 파프리카, 브로콜리, 무청
- 비타민C 결핍 시 : 세포간 물질과 콜라겐 합성이 더디어 상처나 화상의 치유가 힘들고 모세혈관의 파열이 쉬워진다.
- 비타민C 과용 시 : 수용성이라 과용으로 인한 피해는 없다.

▶ 지용성 비타민

비타민A - 레티놀(동물성)
- 레티놀의 영양 효과 : 피부의 점막을 정상화시키며 면역 기능을 강화한다.
- 레티놀 공급에 좋은 재료 : 닭고기, 돼지 간, 달걀노른자
- 레티놀 결핍 시 : 점막이 약해지며 감염증에 걸리기 쉬워질 수 있고 피부 질환이나 눈에 문제가 생길 수 있다.
- 레티놀 과용 시 : 급성중독증을 일으켜 구토를 하거나 체중 감소가 있을 수 있다.

비타민A - 베타카로틴(식물성)
- 베타카로틴의 영양 효과 : 강아지는 체내에서 카로틴을 레티놀로 전환할 수 있다. 항산화 작용과 노화, 암, 심장 질환 예방
- 베타카로틴 공급에 좋은 재료 : 시금치, 단호박, 브로콜리
- 베타카로틴 결핍 시 : 야맹증, 각막 건조증, 실명, 식욕 부진, 감염에 민감, 호흡계나 다른 기관의 상피세포 각질화
- 베타카로틴 과용 시 : 복통, 구토, 아토피, 탈모, 부종, 빈혈, 호흡기 염증, 만성 간 질환

비타민D
- 비타민D의 영양 효과 : 근육 강화, 뼈 건강에 좋다.
- 비타민D 공급에 좋은 재료 : 연어, 말린 표고버섯, 전갱이, 꽁치, 목이버섯
- 비타민D 결핍 시 : 어린 강아지는 구루병, 성견은 골연화증 위험이 있다.
- 비타민D 과용 시 : 칼슘의 이상 침착으로 고칼슘혈증을 일으키며, 구토나 설사 등을 하고, 체중이 감소한다.

비타민E
- 비타민E의 영양 효과 : 세포막 산화 방지, 노화 방지
- 비타민E 공급에 좋은 재료 : 아몬드, 식물성 오일, 단호박, 호두, 대두, 아보카도
- 비타민E 결핍 시 : 빈혈이나 동맥 경화를 일으킬 수 있으며 식욕 부진이나 피부염을 유발할 수 있다.
- 비타민E 과용 시 : 과다 섭취할 경우에도 독성이 낮으며 부작용은 거의 없다.

비타민K
- 비타민K의 영양 효과 : 혈액 응고 단백질과 혈중 칼슘 농도를 조절한다.
- 비타민K 공급에 좋은 음식 : 무청, 청경채, 시금치, 배추, 미역
- 비타민K 결핍 시 : 균형 잡힌 식사와 장내의 세균을 통해 합성되므로 결핍증은 거의 없다. 하지만 부족하면 출혈하기 쉽고 출혈 시 지혈이 어려워지며 칼슘의 대사가 어려워져 뼈가 약해진다.
- 비타민K 과용 시 : 간 손상